NOTICE BIOGRAPHIQUE

SUR

M. Pierre LAURENCE,

VICAIRE-GÉNÉRAL DU DIOCÈSE DE TARBES
ET ANCIEN SUPÉRIEUR DES MISSIONNAIRES DE N.-D. DE GARAISON,

Mort le 6 Novembre 1866,

DANS LA SOIXANTE-DEUXIÈME ANNÉE DE SON AGE.

PAU,

IMPRIMERIE ET LITHOGRAPHIE É VIGNANCOUR.

1866.

Notre-Dame de Garaison, le 15 Novembre 1866.

Hier, deuxième jour de la retraite qui ouvre l'année scolaire dans notre Pensionnat, notre Chapelle s'est couverte de tentures funèbres et a été le témoin d'une de ces solennités de la mort que notre sainte religion a su rendre si émouvantes et si pleines d'enseignements : c'était un service pour le repos de l'âme de M. Laurence (Pierre), vicaire-général du diocèse de Tarbes, mort le 6 novembre dernier, dans la soixante-deuxième année de son âge.—Il était le premier né des enfants de Notre-Dame de Garaison, le restaurateur de son sanctuaire, de son pélerinage, et, à ce titre, ne lui devions-nous pas les prémices des cœurs de nos enfants purifiés, animés par les saints exercices de la retraite? Sans doute leurs ferventes prières, leurs chants si pénétrants seront arrivés à Dieu, et auront fait couler des torrents de grâces et de miséricorde sur l'âme du père bien-aimé que nous pleurons. Un clergé nombreux, des amis, de pieux fidèles de toute condition, sous la seule pression de la reconnaissance, sont venus prier avec nous et donner un dernier témoignage de respect et d'affection au prêtre vénéré, à l'homme vraiment providentiel dont toute la vie n'a été qu'une longue série de bienfaits, et dont la mort prématurée est un grand deuil pour tout le diocèse...... Mais laissons les regrets et passons rapidement en revue les œuvres accomplies dans la période de soixante-deux années d'existence dont notre fondateur est allé rendre compte au Juge suprême.

Monsieur Laurence se montra, dès l'âge le plus tendre, rempli de cet esprit de vertu qui fait le plus bel apanage de sa famille. Son vœu le plus ardent fut de se consacrer au service des autels et au salut de ses frères. Après des études solides et où il prima toujours au milieu de nombreux rivaux, il fut ordonné prêtre en 1834.

Les années qui composent son ministère ont été d'abord consacrées à l'enseignement, ensuite au travail des missions, et enfin à l'administration du diocèse. Partout il s'est distingué, partout il a laissé d'impérissables souvenirs.

Je passe sur la première partie de sa vie; j'ai hâte d'arriver à ce qu'on m'en a dit et à ce que j'en ai appris par moi-même dans la maison de Marie.

C'est en 1836 que Mgr Double, de sainte mémoire, le nomma supérieur des missionnaires de Notre-Dame de Garaison. C'était un poste de confiance et qui demandait un homme habile à la fois dans le gouvernement des choses temporelles et dans la direction des âmes. M. Laurence possédait à un degré éminent ces deux qualités. Avec une fermeté de caractère que rien ne décourageait, il avait un esprit d'ordre qui était comme un reflet de toute sa personne, et qui resplendissait sur tout ce qu'il touchait de près ou de loin : c'était bien l'homme qu'il fallait pour relever le plus antique, le plus vénéré sanctuaire de nos contrées. Il vint donc à Garaison avec trois autres ouvriers évangéliques que la Sainte Vierge lui avait choisis. Son cœur se serra d'abord en face de ces ruines, de ce linceul de poussière qui les couvrait, de ce silence, de cette solitude qui les attristaient encore ; mais il s'arma de constance et planta là sa tente sous l'œil et la conduite de Celle qu'on n'invoqua jamais en vain. On sait le reste : la main de M. Laurence a soutenu, restauré, embelli les piliers et les voûtes du sanctuaire de Notre-Dame ; il a soufflé sur d'immenses débris, qui se sont relevés à sa voix, pour offrir un asile à la jeunesse chrétienne de la contrée, pour y établir une pépinière de la tribu lévitique. C'est là le premier et le plus beau fleuron de sa couronne.

Dans l'œuvre des missions, son activité fut extrême et féconde. Rapidement il s'acquit l'affection des siens et plus rapidement encore l'estime de tous : heureuse conquête du vrai zèle des âmes, uni à une grande sagacité de jugement, à des connaissances théologiques peu communes, et surtout à une piété tout embaumée de miséricorde, dont la suavité ravissait tout le monde. La simplicité de son maintien, l'austère gravité qu'on voyait quelquefois sur son visage pouvaient donner le change sur la richesse de son cœur ; elles firent juger à plus d'un qu'il était froid, tandis qu'il était tout brûlant de charité. Les malheureux qu'il a consolés dans leur infortune, les pauvres si nombreux qu'il a soulagés dans leur misère, pourraient nous raconter des traits touchants de cette inépuisable charité, que sa main gauche elle-même ignorait, et dont Dieu seul fut le témoin.

Personne ne s'associait plus sincèrement que lui aux succès des autres, surtout à ceux des jeunes prêtres. Il jouissait d'avance comme un bon père, des espérances qu'ils donnaient ; il relevait leurs qualités, atténuait leurs imperfections, laissant au temps et à l'expérience le soin de mûrir le bien qui était en eux et de corriger leurs défauts.

Toujours d'une humeur égale, toujours accessible aux petits comme aux grands, il n'était dur et rigide que pour lui-même. Il apportait dans le détail de son apostolat une ponctualité et en même temps un entrain, un enthousiasme dont ses collègues ne peuvent parler sans attendrissement. Tout entier à ses devoirs, il consacrait à l'étude et à la prière les courts instants qu'il aurait pu donner au repos, et ne comptait pour rien ses fatigues. Pas une paroisse dans le diocèse qui n'ait été l'objet de sa sollicitude, le théâtre de son zèle; pas un prêtre qui ne l'ait vu à l'œuvre, et qui ne dise de lui, comme on a dit de Xavier : *Totus Dei, totus proximi.* Le bien qu'il a fait, les exemples qu'il a laissés dans cette partie de sa vie, sont un précieux héritage que ses enfants de Garaison surtout conserveront toujours, et s'efforceront de faire fructifier de plus en plus.

Il y avait déjà seize ans qu'il exerçait son zèle et son intelligence dans l'œuvre des missions ; il venait de rétablir l'antique pèlerinage de Garaison, et de doter le pays d'un établissement d'éducation, auquel il avait donné une vigoureuse impulsion, lorsqu'il fut appelé par Mgr Laurence, son oncle, pour être son vicaire-général. Tout le monde sait combien Monseigneur chérissait ce neveu, si digne de lui par les qualités éminentes de son esprit et de son cœur. Celui qui avait été l'apôtre infatiguable du diocèse, en devint l'habile administrateur. Il fut l'ami, le conseiller, plutôt que le supérieur de nos prêtres. Ceux qui l'ont connu dans l'intimité, et c'est le plus gaand nombre, ont pu apprécier la sincérité de son affection et mesurer l'étendue de son dévouement.

Il fut le coopérateur de tous les desseins de notre vénéré pontife, l'aide empressé de ses œuvres et le fervent auxiliaire de toute sa vie. Il partage avec lui l'honneur insigne d'avoir fondé ou restauré à Garaison, à Héas, à Piétat, à Poueylaün, à Lourdes, à St-Pé et à Barèges, des sanctuaires, des monuments plus admirables les uns que les autres et dont quelques-uns suffiraient pour immortaliser un nom.

Il est une autre gloire plus modeste que je ne saurais passer sous silence et qui est sa gloire propre, c'est d'avoir constitué la congrégation des sœurs de St-Joseph, d'avoir fait de ces modestes religieuses les auxiliaires, les dignes émules des Filles de St-Vincent et de St-André. Hélas ! il n'y a que quelques jours, dans leur retraite annuelle, elles jouissaient encore de sa présence et de ses entretiens, mais avec le cœur bien gros, car elles voyaient sur le visage du bon père les traces de cruelles souffrances...... Et lui, comme s'il eût eu un pressentiment de sa fin prochaine, voulut voir chacune de ses enfants en particulier, parler à chacune ce langage paternel et lumineux qui lui était propre, féliciter les unes, fortifier, relever les autres, dicter à toutes, comme ses volontés dernières, déposer dans leur cœur, enfin, son testament suprême....... Filles de St-Joseph, gardez bien religieusement ce dépôt sacré de votre père : ayez toujours cette naïve simplicité, cette humilité profonde, cette piété fervente, cette charité inépuisable qui furent l'ornement de sa vie et qu'il vous a si bien enseignées...... Sa mort, nous le savons, fait un grand vide au milieu de vous et vous est un grand sujet de larmes...... Eh ! bien, oui, pleurez cet homme qui vous avait voué son existence ; mais aussi rassurez-vous à cette parole du disciple bien-aimé : *Beati mortui qui in Domino moriuntur,* Heureux ceux qui, comme lui, meurent dans le Seigneur !.. ... Puisse le divin Consolateur vous faire trouver dans la prière un baume à votre immense douleur !..... Puisse-il encore exaucer le plus ardent de vos vœux, en rétablissant la santé un peu chancelante de celle que l'homme de Dieu vous a donnée pour Mère, et qui a su si bien gagner votre pleine confiance et votre affectueuse vénération !

Et nous aussi, enfants de Garaison, nous avions, il y a quelque temps, le bonheur de le posséder..... C'était toujours fête quand il arrivait dans ce lieu béni. Depuis le premier jusqu'au dernier d'entre nous, chacun s'efforçait de lui manifester ces sentiments tout filials qu'il avait su nous inspirer. Aussi comme il était à l'aise dans cette famille ! Comme il s'épanouissait dans cette atmosphère de sainte familiarité ! Comme il sentait bien la vérité de cette parole que, devant la communauté assemblée, lui adressait, un jour, celui qui l'a remplacé au milieu de nous. *Nous vous regardons toujours non-seulement comme notre supérieur ecclésiastique, mais comme le supérieur de la maison.....* Dans cette dernière visite, tous ces empressements, toutes ces manifestations redoublèrent, jusqu'à faire arriver, par moments, sur son visage, ce sourire, cette gaité qui étaient comme un parfum de son âme, et qui l'animaient si souvent autrefois, mais qui, depuis quelque temps, s'éteignaient bien vite sous les étreintes d'un mal inconnu qui le rongeait..... Pourquoi toucher à ces détails intimes ? gardons-les dans le sanctuaire de notre cœur, et qu'ils soient un adoucissement à nos larmes..... Ah ! si l'affection avait pu combattre et conjurer la catastrophe imminente !..... Mais non, le moment était venu où le Seigneur voulait récompenser une vie si bien remplie. Celui qui avait tant donné de gloire à Dieu, tant procuré de paix, de consolations aux âmes sur la terre, avait mérité d'aller chanter avec les anges dans les cieux. Une attaque de paralysie est venue le frapper, à l'évêché, dans la nuit du mardi 6 novembre, et le matin du même jour, vers les 10 heures, il rendait son âme à Dieu.

Mgr l'Evêque, accouru auprès de son lit, à la nouvelle de l'accident, ne l'a pas abandonné un instant pendant son agonie. Eclairé par les médecins sur la gravité du mal, le pontife fut dominé par la foi la plus vive; et, refoulant au fond de son âme les douleurs qui la déchiraient, il garda toujours son visage calme et presque serein. Et, quand l'heure dernière eut sonné, quand le vénéré Supérieur du Grand Séminaire, après avoir donné au mourant l'onction dernière, se mit à réciter les prières des agonisants, c'est l'oncle lui-même, un cierge à la main, qui a répondu d'une voix courageuse ; c'est lui qui a voulu, de sa main encore, fermer les yeux de ce neveu bien-aimé, quand il a eu rendu le dernier soupir. C'était trop pour sa tendresse : son cœur a éclaté et il a dû s'éloigner de ce lit de douleur.

La mort de M. Laurence a été presque subite ; mias il était prêt : dès ses premières années, il marchait *tenant à la main la lampe allumée d'une foi vive et des bonnes œuvres* ; toute sa vie il s'était pénétré de cette parole de l'Ecriture : *Travaillez tandis qu'il est jour*....... Dieu prend soin de ses amis et les prépare à sa venue.

Dès le mercredi matin, on l'avait revêtu de ses habits sacerdotaux, et placé sur un fauteuil dans une chapelle ardente et tendue de noir. Des amis, des pauvres surtout, sont allés en foule lui rendre l'hommage de leur vénération et se recommander à ses prières. En se retirant, ils essuyaient les larmes du regret et bénissaient son nom.

C'est le même jour qu'ont eu lieu ses funérailles. Tout le clergé de la ville de Tarbes et des environs, les autorités départementales et communales, les congrégations, les écoles, les confréries et une multitude de fidèles y assistaient. Si les manifestations des regrets et les témoignages de douleur qui se produisent autour d'un cercueil, prouvent l'estime et l'amitié que l'on portait au vivant, on peut dire que peu d'hommes ont été plus aimés et plus estimés que M. Laurence. Sa sépulture a été un véritable triomphe.

Et maintenant, bien-aimé Père, que j'ai essayé de dire vos vertus et les titres que vous avez à la vénération et à la reconnaissance de tous, laissez-moi vous demander une dernière bénédiction pour vos enfants de Notre-Dame de Garaison, et vous adresser aussi, en leur nom, un tendre reproche.

Vous qui nous avez tant aimés pendant la vie, pourquoi n'avez-vous pas manifesté votre volonté de rester après votre mort, au milieu de nous? Pourquoi n'avez-vous pas dit : *Hæc requies mea, hic habitabo quoniam elegi eam!*..... O bien-aimé Garaison, je veux que tu sois le lieu de mon repos!... Mais n'était-ce pas là votre pensée?... Et n'aurons-nous pas donc, un jour, le bonheur de posséder votre dépouille mortelle? Elle nous appartient, c'est la part de notre héritage; nous voulons la reposer dans ces lieux qui vous étaient si chers, sous ces ombrages que votre main a plantés et fait grandir; notre amour vous y élèvera un monument qui rendra constant le souvenir de vos vertus : il sera aussi un appel à la gratitude et aux prières des pèlerins nombreux qui viennent aux pieds de Notre-Dame, de cette douce et sainte Madone que vous avez couronnée sur la terre, et qui, à son tour, nous en avons la confiance, vous couronne aujourd'hui dans les Cieux !

Amen !

LAMARQUE, prêtre,
Professeur au pensionnat de Notre-Dame de Garaison.

Notre-Dame de Garaison, Dimanche 16 Novembre 1866.

Lorsque nous écrivions ces lignes, nous ne pensions pas être si près du moment où nos vœux allaient être exaucés. C'est aujourd'hui que les restes mortels de M. Laurence nous sont arrivés et qu'a eu lieu, dans notre Chapelle, une seconde cérémonie funèbre. Ici, comme ailleurs, il y a eu de ces choses qui oppressent l'âme et qui font venir des larmes aux yeux. Ces draperies noires, émaillées d'emblêmes qui nous font penser à la mort et à l'éternité, ce glas, ces chants lugubres qui, en nous parlant de la miséricorde de Dieu, nous font craindre sa justice ;

ce cercueil, cette fosse, cette terre qui enserre, pour la dévorer, la dépouille de ceux que nous avons aimés ! Mais aussi, plus qu'ailleurs, nous avons eu les consolations de la Foi, les douceurs de l'Espérance ; l'image de Notre-Dame de Pitié, placée sur l'autel et qui, les yeux levés vers le Ciel, semblait nous dire que là est le repos de notre Père ; la foule des fidèles accourus de tous côtés et proclamant par leur empressement les vertus qui font les saints, la voix même qui semblait s'échapper de tous ces lieux et se joindre à celle des fidèles pour raconter des œuvres qui ne meurent pas avec les amis de Dieu, mais les accompagnent dans la gloire !..... Les émotions de ce jour ont été trop profondes pour qu'elles s'effacent jamais !

Qu'il repose en paix, notre Père bien-aimé ! Garaison ne sera pas pour lui la solitude du tombeau. Parfois nous irons épancher notre cœur près de lui ; nous encourager par la pensée à continuer avec ardeur l'œuvre

sainte et sublime qu'il nous a léguée.....
Puisse le bon Dieu nous donner de marcher sur ses traces et de mourir, comme lui, en combattant les bons combats ! Mais mourir en se dévouant à la gloire et à l'amour de Marie, mourir dans son sanctuaire, est-ce mourir ?.....

JEAN-MARIE LAMARQUE.

Pau, imp. de É. VIGNANCOUR.

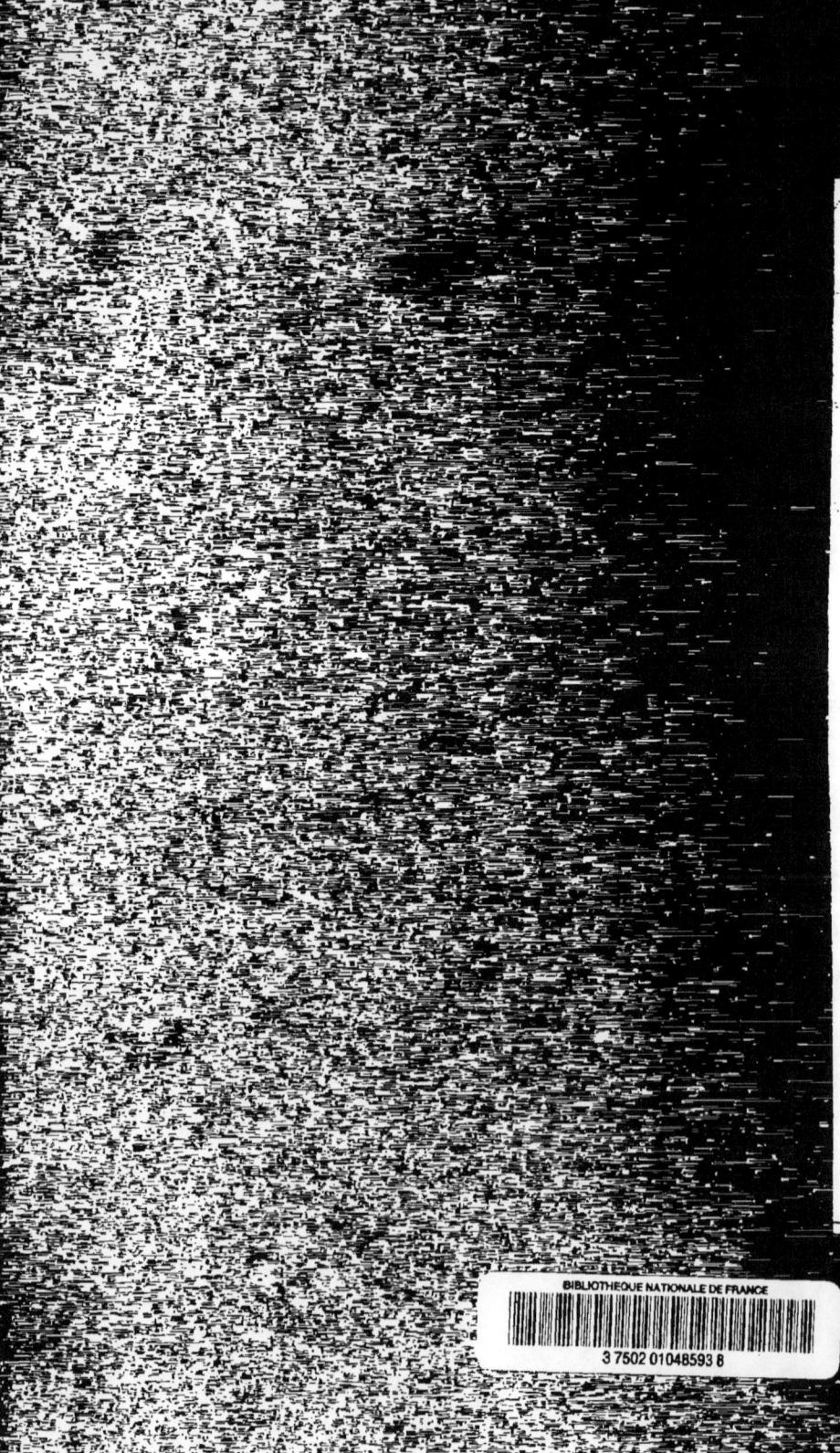

www.ingramcontent.com/pod-product-compliance
Lightning Source LLC
Chambersburg PA
CBHW060917050426
42453CB00010B/1780